SAN DIEGO

(THE COFFEE TABLE BOOK)

2

SAN DIEGO

The Greatest City on Earth.

SAN DIEGO

[Agency FB]

SAN DIEGO

[ALGERIAN]

SAN DIEGO

[AR BERKLEY.]

SAN DIEGO

[AR Blanca]

SAN DIEGO

[AR BONNIE]

SAN DIEGO

[AR CARTER]

SAN DIEGO

[AR CENA]

SAN DIEGO

[AR CHRISTY]

SAN DIEGO

[AR DARLING]

SAN DIEGO

[AR DECODE]

SAN DIEGO

[AR DELANEY]

SAN DIEGO

[AR DESTINE]

SAN DIEGO

[AR ESSENCE]

SAN DIEGO

[AR HERMANN]

SAN DIEGO

[AR JULIAN]

SAN DIEGO

[Arial]

SAN DIEGO

[Arial Black]

SAN DIEGO

[Arial Narrow]

SAN DIEGO

[Arial Rounded MT Bold]

SAN DIEGO

[AvenirLT-Medium]

SAN DIEGO

[AvenirLT-Roman]

SAN DIEGO

[Bahnschrift]

SAN DIEGO

[Bahnschrift Condensed]

SAN DIEGO

[Bahnschrift Light]

SAN DIEGO

[Bahnschrift Light Condensed]

SAN DIEGO

[Bahnschrift Light SemiCondensed]

SAN DIEGO

[Bahnschrift Light SemiBold]

SAN DIEGO

[Bahnschrift Light SemiBold Condensed]

SAN DIEGO

[Bahnschrift Light SemiBold SemiCondensed]

SAN DIEGO

[Bahnschrift SemiCondensed]

SAN DIEGO

[Bahnschrift SemiLight]

SAN DIEGO

[Bahnschrift SemiLight Condensed]

SAN DIEGO

[Bahnschrift SemiLight SemiCondensed]

SAN DIEGO

[Basekerville Old Face]

SAN DIEGO

[Bahaus 93]

SAN DIEGO

[Bell MT]

SAN DIEGO

[Berlin Sans FB]

SAN DIEGO

[Berlin Sans FB Demi]

SAN DIEGO

[Bernard MT Condensed]

SAN DIEGO

[Blackadder ITC]

SAN DIEGO

[Bodoni MT]

SAN DIEGO

[Bodoni MT Black]

SAN DIEGO

[Bodoni MT Condensed]

SAN DIEGO

[Bodoni MT Poster Condensed]

SAN DIEGO

[Book Antiqua]

SAN DIEGO

[Bookman Old Style]

����������������

SAN DIEGO

[Bradley Hand ITC]

SAN DIEGO

[Britannic Bold]

SAN DIEGO

[Broadway]

SAN DIEGO

[Brush Script MT]

SAN DIEGO

[Calibri]

SAN DIEGO

[Calibri Light]

SAN DIEGO

[Californian FB]

SAN DIEGO

[Calisto MT]

SAN DIEGO

[Cambria]

SAN DIEGO

[Cambria Math]

SAN DIEGO

[Candara]

SAN DIEGO

[Candara Light]

SAN DIEGO

[CASTELLAR]

SAN DIEGO

[Centaur]

SAN DIEGO

[Century]

SAN DIEGO

[Century Gothic]

SAN DIEGO

[Century Schoolbook]

SAN DIEGO

[Chiller]

SAN DIEGO

[Colonna MT]

SAN DIEGO

[Comic Sans MS]

SAN DIEGO

[Consolas]

SAN DIEGO

[Constantia]

SAN DIEGO

[Cooper Black]

SAN DIEGO

[Copperplate Gothic Bold]

SAN DIEGO

[Copperplate Gothic Light]

SAN DIEGO

[Corbel]

SAN DIEGO

[Corbel Light]

SAN DIEGO

[Courier New]

SAN DIEGO

[Curlz MT]

SAN DIEGO

[Ebrima]

SAN DIEGO

[Edwardian Script ITC]

SAN DIEGO

[ELEPHANT]

SAN

DIEGO

[ENGRAVERS MT]

SAN DIEGO

[Eras Bold ITC]

SAN DIEGO

[Eras Demi ITC]

SAN DIEGO

[Eras Light ITC]

SAN DIEGO

[Eras Medium ITC]

SAN DIEGO

[FELIX TITLING]

SAN DIEGO

[Fontdinerdotcom Sparkly]

SAN DIEGO

[Footlight MT Light]

SAN DIEGO

[Forte]

SAN DIEGO

[Franklin Gothic Book]

SAN DIEGO

[Franklin Gothic Demi]

SAN DIEGO

[Franklin Gothic Demi Cond]

SAN DIEGO

[Franklin Gothic Heavy]

SAN DIEGO

[Franklin Gothic Medium]

SAN DIEGO

[Franklin Gothic Medium Cond]

SAN DIEGO

[Freestyle Script]

SAN DIEGO

[French Script MT]

SAN DIEGO

[Gabriola]

SAN DIEGO

[Gadugi]

SAN DIEGO

[Garamond]

٢

SAN DIEGO

[Georgia]

SAN DIEGO

[Gigi]

SAN DIEGO

[Gill Sans MT]

SAN DIEGO

[Gill Sans MT Condensed]

SAN DIEGO

[Gill Sans MT Ext Condensed Bold]

SAN DIEGO

[Gill Sans Ultra Bold]

SAN DIEGO

[Gill Sans Ultra Bold Condensed]

SAN DIEGO

[Gloucester MT Extra Condensed]

SAN DIEGO

[Goudy Old Style]

SAN DIEGO

[Goudy Stout]

SAN DIEGO

[Haettenschweller]

SAN DIEGO

[Harlow Solid Italic]

SAN DIEGO

[Harrington]

SAN DIEGO

[High Tower Text]

SAN DIEGO

[HoloLens MDL2 Assets]

SAN DIEGO

[Impact]

SAN DIEGO

[Imprint MT Shadow]

SAN DIEGO

[Informal Roman]

SAN DIEGO

[Ink Free]

SAN DIEGO

[Javanese Text]

SAN DIEGO

[Jokerman]

SAN DIEGO

[Juice ITC]

SAN DIEGO

[Kristen ITC]

SAN DIEGO

[Kunstler Script]

SAN DIEGO

[Leelawadee]

SAN DIEGO

[Leelawadee UI]

SAN DIEGO

[Leelawadee UI Semilight]

SAN DIEGO

[Lucida Bright]

SAN DIEGO

[Lucida Calligraphy]

SAN DIEGO

[Lucida Console]

SAN DIEGO

[Lucida Fax]

SAN DIEGO

[Lucida Handwriting]

SAN DIEGO

[Lucida Sans]

SAN DIEGO

[Lucida Sans Typewriter]

SAN DIEGO

[Lucida Sans Unicode]

SAN DIEGO

[Magneto]

SAN DIEGO

[Maiandra GD]

SAN DIEGO

[Malgun Gothic]

SAN DIEGO

[Malgun Gothic Semilight]

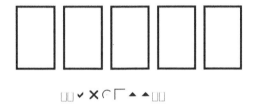

SAN DIEGO

[Matura MT Script Capitals]

SAN DIEGO

[Microsoft Himalaya]

SAN DIEGO

[Microsoft JhengHei]

SAN DIEGO

[Microsoft JhengHei Light]

SAN DIEGO

[Microsoft JhengHei UI]

SAN DIEGO

[Microsoft JhengHei UI Light]

SAN DIEGO

[Microsoft New Tai Lue]

SAN DIEGO

[Microsoft PhagsPa]

SAN DIEGO

[Microsoft Sans Serif]

SAN DIEGO

[Microsoft Tae Le]

SAN DIEGO

[Microsoft Uighur]

SAN DIEGO

[Microsoft YaHei]

SAN DIEGO

[Microsoft YaHei Light]

SAN DIEGO

[Microsoft YaHei UI]

SAN DIEGO

[Microsoft YaHei UI Light]

SAN DIEGO

[Microsoft Yi Baiti]

SAN DIEGO

[MingLiU_HKSCS-ExtB]

SAN DIEGO

[MingLiU-ExtB]

SAN DIEGO

[Mistral]

SAN DIEGO

[Modern No. 20]

SAN DIEGO

[Mongolian Baiti]

SAN DIEGO

[Monotype Corsiva]

SAN DIEGO

[MS Gothic]

SAN DIEGO

[MS PGothic]

SAN DIEGO

[MS Reference Sans Serif]

□□□ □□□□$\overline{^{18}}$□$\overline{^5}$□□ □$4)\overline{12}$□□$\overline{3}$□$2)\overline{21}$□$3\frac{1}{100}\frac{1}{2}$□

SAN DIEGO

[MS UI Gothic]

339

SAN DIEGO

[MV Boli]

SAN DIEGO

[Myanmar Text]

SAN DIEGO

[Niagara Engraved]

SAN DIEGO

[Niagara Solid]

SAN DIEGO

[Nirmala UI]

SAN DIEGO

[Nirmala UI Semilight]

SAN DIEGO

[NSimSum]

SAN DIEGO

[OCR A Extended]

SAN DIEGO

[OCR B MT]

SAN DIEGO

[OCR-A II]

SAN DIEGO

[Old English Text MT]

SAN DIEGO

[Onyx]

SAN DIEGO

[Palace Script MT]

SAN DIEGO

[Palatino Linotype]

SAN DIEGO

[Papyrus]

[Parchment]

SAN DIEGO

[Perpetua]

SAN DIEGO

[Perpetua Titling mt]

SAN DIEGO

[Playbill]

SAN DIEGO

[PMingLiU-ExtB]

SAN DIEGO

[Poor Richard]

SAN DIEGO

[Pristina]

SAN DIEGO

[QuickType II]

SAN DIEGO

[QuickType II Condensed]

SAN DIEGO

[QuickType II Mono]

SAN DIEGO

[Quick Type IIPi]

SAN DIEGO

(Rage Italic)

SAN DIEGO

[Ravie]

SAN DIEGO

[Rockwell]

SAN DIEGO

[Rockwell Condensed]

SAN DIEGO

[Rockwell Extra Bold]

SAN DIEGO

[Script MT Bold]

SAN DIEGO

[Segoe MDL2 Assets]

SAN DIEGO

[Segoe Print]

SAN DIEGO

[Segoe Script]

SAN DIEGO

[Segoe UI]

SAN DIEGO

[Segoe UI Black]

SAN DIEGO

[Segoe UI Emoji]

SAN DIEGO

[Segoe UI Historic]

SAN DIEGO

[Segoe UI Light]

SAN DIEGO

[Segoe UI SemiBold]

SAN DIEGO

[Segoe UI SemiLight]

SAN DIEGO

[Segoe UI Symbol]

SAN DIEGO

[Showcard Gothic]

SAN DIEGO

[SimSun]

SAN DIEGO

[SimSun-ExtB]

SAN DIEGO

[Sitka Banner]

SAN DIEGO

[Sitka Display]

SAN DIEGO

[Sitka Heading]

SAN DIEGO

[Sitka Small]

SAN DIEGO

[Sitka Subheading]

SAN DIEGO

[Sitka Text]

SAN DIEGO

[Snap ITC]

SAN DIEGO

[STENCIL]

SAN DIEGO

[Sylfaen]

ΦΥΧΚ

[Σψμβολ]

SAN DIEGO

[Tahoma]

SAN DIEGO

[Tempus Sans ITC]

SAN DIEGO

[Times New Roman]

SAN DIEGO

[Trebuchet MS]

SAN DIEGO

[Tw Cen MT]

SAN DIEGO

[Tw Cen MT Condensed]

SAN DIEGO

[Tw Cen MT Condensed Extra Bold]

SAN DIEGO

[Verdana]

SAN DIEGO

[Viner Hand ITC]

SAN DIEGO

[Vivaldi]

SAN DIEGO

[Vladimir Script]

????????

SAN DIEG O

[Wide Latin]

&◎⓪⑤↜⑩➥⓪⑤↜⑩ 🗒⁉

SAN DIEGO

[Yu Gothic]

SAN DIEGO

[Yu Gothic Light]

SAN DIEGO

[Yu Gothic Medium]

SAN DIEGO

[Yu Gothic UI]

SAN DIEGO

[Yu Gothic UI Light]

SAN DIEGO

[Yu Gothic UI SemiBold]

SAN DIEGO

[Yu Gothic UI SemiLight]

SAN DIEGO

[Yu Mincho]

Made in the USA
Las Vegas, NV
12 November 2023

80728015R00275